JN439259

시여, 네게로 가마

시여,
네게로 가마

각

시여, 네게로 가마

엮은이 김승립
펴낸이 박경훈
펴낸곳 도서출판 각

초판 인쇄 2006년 8월 21일
초판 발행 2006년 8월 25일

도서출판 각
주소 690-800 제주도 제주시 건입동 89번지
전화 064 · 725 · 4410
팩스 064 · 759 · 4410
홈페이지 www.gakbook.com
등록번호 제80호
등록일 1999년 2월 3일

ISBN 89-89719-90-9 03810

값 7,000원

시, 그 '사이'의 운명

산의 바깥에서 산을 바라보면 산의 위용을 느낄 수 있되, 산을 이루는 온갖 굴곡과 섬세한 숨결을 알 수는 없다. 산은 산이로되 산이 산으로 존재하기 위해서는 수많은 등성이와 골짜기, 개울, 나무들, 짐승들의 곤고한 여정들이 필요한 것이다.

삶도 마찬가지리라. 그냥 '삶'이라고 무심코 부르는 그 속에는 얼마만한 '사이'의 여정들이 켜켜로 얽혀있는 것인가. 그러나 그 '사이'들은 인간의 편리한 개념화에 의해 얼마나 쉽게 단정되고 또한 얼마나 쉽게 잊혀지는 것인가. 당연하게도 삶은 '삶'이라는 개념에 있지 않고 삶을 이루는 수많은 '사이'들에 있는 것이다.

시는 무엇보다도 그 '사이'의 섬세한 기미와 징후를 첨예하게 드러내는 양식이고, 시를 읽는다는 것은 결국 그 '사이'의 숨결을 호흡하는 행위에 다름이 아니다. 이 책은 '사이'의 운명으로써 시를 읽고자 한 조그만 노력의 소산이다.

삶이 저절로 우리에게 주어지지 않는 것처럼, 시 또한 그 곤고한 여정들과 자잘한 세부를 직접 걸어들어가지 않는다면 그 '사이'의 운명에 대해 아무런 해답도 주지 않는다. 파블로 네루다의 경우처럼 그 어느 날, 갑자기, 시가 운명처럼 저절로 다가와준다면 무척이나 행복한 일이겠지만, 그것과는 달리 우리가 진정으로 시를 만나고 삶을 알고자 한다면 시가 저절로 다가서기를 기다릴 것이 아니라 우리가 먼저 시에게로 다가서야 할 것이다. 그리하여 우리는 가쁜 숨소리로 "시여, 네게로 가마"라고 외쳐야 할 것이다. 이 책은 그래서 또한 좋은 시들에 대한 내 자신의 사랑의 기록이기도 한 셈이다. 훌륭한 시들과 연애하게 해준 이 땅의 시인들께 깊은 존경과 감사의 뜻을 전한다.

여기에 실린 글들은 약 1년 6개월에 걸쳐 일주일에 한번씩 〈한라일보〉에 게재되었던 것이다. 지면을 열어준 〈한라일보〉에 감사드린다. 그리고 어려운 여건에도 불구하고 흔쾌히 출판을 맡아준 도서출판 〈각〉의 박경훈 사장의 우정을 마음에 새겨둔다.

2006년 여름 김 승 립

| 차례 |

1 | 날카로운 첫 키스의 추억

2 사람을 만나러 가는 길에

3 길의 마음 위로

4 하얗게 떠오르는 글자

1부

날카로운 첫 키스의 추억

좋은 시간

강방영

세월이 실어 나르고 있는 저 햇살
당신은 잔잔한 호수로 누워
이 들판에서 흔들리고,

여린 풀잎 되어
물살을 젓는
오늘 나의 하루입니다.

사랑의 완전한 교감! 더 이상 '좋은 시간'은 없을 것이다. 그냥 우리도 금빛 햇살이 깔려있는 들판을 한가롭게 가로지르는 호수에 풍덩 빠져서 '여린 풀잎'으로 변신하여 사랑의 물살이 간질이는 포근함에 마냥 젖어보기로 하자. 온 우주가 충일함으로 가득하리라. 사랑은 '나'를 '타자' 속에 깃들게 하여 타자를 나의 '마땅한 몸=당신(當身)'으로 만들고 동시에 '나'를 '타자'의 '마땅한 몸'으로 열어놓는 적극적 행위이기 때문이다. 사랑 무궁하기를!

나무

김충규

나무가 잎사귀를 일제히 틔우고 있다
감겨있던 무수한 눈들이 눈을 뜨는 순간이다
나무 아래서 나는 나무를 읽는다
이 세상의 무수한 경전 중에서
잎사귀를 틔우는 순간의 나무는 가장 장엄하다
이 장엄한 경전을 다 읽어보는 것이 내 소원이지만
나는 안다 이 경전을 읽으려면
마음거울에 먼지 한 점 앉아서도 안 된다는 것을
나는 안다 내 마음거울은 너무 얼룩이 져 있다는 것을
닦아내어도 자꾸 더럽혀진다는 것을

새들도 이 경전을 읽으려고
나무의 기슭을 찾는 것이다
새들을 끌어당기는 나무의 힘!
나는 그 힘을 동경한다

나무로 집을 짓고

나무로 화살과 창을 만들어 썼던 시대,
그 시대까지가 평화의 시대였다
나무화살과 창에 맞은 짐승들은
죽는 순간의 고통을 순순히 받아들였으나
금속화살과 창이 나오고부터 분노에 몸을 떨었다
나무는 자신을 희생하여 온갖 경전을 기록해주기도 하지만
나무라는 이름만으로도 장엄한 경전이다

나무는 모든 생의 경전이다. 그것은 우주를 받치는 기둥이면서 생명을 피워내는 우주의 질서 자체이다. 이 장엄한 경전의 가르침을 따라 살 때는 세상이 평화로웠다. 어느 정도냐 하면 죽음까지도 평화로웠다. 시인에 의하면, '나무화살과 창에 맞은 짐승들은 / 죽는 순간의 고통을 순순히 받아들였으나/ 금속화살과 창이 나오고부터 분노에 몸을 떨었다' . 금속의 문명은 속도와 욕망을 키움으로써 오히려 ' 평화의 시대 '를 앗아갔다. 인간들은 뒤늦게 ' 이름만으로도 장엄한 경전 '의 가르침을 찾지만, 이미 욕망의 때와 이기의 두꺼운 지방질에 싸여 경전의 해독력을 상실해버렸으니 어쩔 것이랴. 그럼에도 나무-경전은 희생적으로 열려 있다. 끊임없이 우리의 마음을 닦아내고 비워내고 하노라면 언젠가 인간이 나무의 말을 알아들을 수 있으리라.

다시 피는 꽃

도종환

가장 아름다운 걸 버릴 줄 알아
꽃은 다시 핀다
제 몸 가장 빛나는 꽃을
저를 키워준 들판에 거름으로 돌려보낼 줄 알아
꽃은 봄이면 다시 살아난다

가장 소중한 걸 미련없이 버릴 줄 알아
나무는 다시 푸른 잎을 낸다
하늘 아래 가장 자랑스럽던 열매도
저를 있게 한 숲이 원하면 되돌려줄 줄 알아
나무는 봄이면 다시 생명을 얻는다

변치 않고 아름답게 있는 것은 없다
영원히 가진 것을 누릴 수는 없다
나무도 풀 한포기도 사람도
그걸 바라는 건 욕심이다

바다까지 갔다가 제가 태어난 강으로 돌아와
제 목숨 다 던져 수천의 알을 낳고
조용히 물밑으로 돌아가는 연어를 보라
물고기 한 마리도 영원히 살고자 할 때는
저를 버리고 가는 걸 보라

저를 살게 한 강물의 소리 알아듣고
물밑 가장 낮은 곳으로 말없이 돌아가는 물고기
제가 뿌리내렸던 대지의 목소리 귀담아듣고
아낌없이 가진 것을 내주는 꽃과 나무
깨끗이 버리지 않고는 영원히 살 수 없다는

시인은 모천회귀하는 연어를 이야기한다. '바다까지 갔다가 제가 태어난 강으로 돌아와/ 제 목숨 다 던져 수천의 알을 낳고/ 조용히 물밑으로 돌아가는 연어' 를 보라고 한다. '물고기 한 마리도 영원히 살고자 할 때는/ 저를 버리고 가는 걸' 보라고 한다.

영원히 사는 것은 없다. 자신이 가진 것을 영원히 누릴 수 있으리라 생각하는 것은 아집과 탐욕일 뿐이다. 연어는, 꽃은, 나무는 저를 살게 하고 제가 뿌리내렸던 곳의 소리를 겸허하게 받아들이고 자신을 아낌없이 내준다. 그럼으로써 그것들은 다시 생명을 얻는 것이다.

濟州바다 · 1

문충성

누이야, 원래 싸움터였다.
바다가 어둠을 여는 줄로 너는 알았지?
바다가 빛을 켜는 줄로 알고 있었지?
아니다, 처음 어둠이 바다를 열었다. 빛이
바다를 열었지, 싸움이었다.
어둠이 자그만 빛들을 몰아내면 저 하늘 끝에서 힘찬 빛들이 휘몰아와 어둠을 밀어내는
괴로와 울었다. 바다는
괴로움을 삭이면서 끝남이 없는 싸움을 울부짖어 왔다.

누이야, 어머니가 한 방울 눈물 속에 바다를 키우는 뜻을 아느냐. 바늘귀에 실을 꿰시는
韓半島의 슬픔을. 바늘 구멍으로
내다보면 땀냄새로 열리는 세상.
어머니 눈동자를 찬찬히 올려다보라.
그곳에도 바다가 있어 바다를 키우는 뜻이 있어
어둠과 빛이 있어 바닷속

그 뜻의 언저리에 다가갔을 때 밀려갔다

밀려오는 일상의 모습이며 어머니가 짜고 있는 하늘을.
濟州 사람이 아니고는 진짜 濟州바다를 알 수 없다.
누이야, 바람 부는 날 바다로 나가서 5월 보리 이랑
일렁이는 바다를 보라. 텀벙텀벙
너와 나의 알몸뚱이 幼年이 헤엄치는
바다를 보라, 겨울날
초가지붕을 넘어 하늬바람 속 까옥까옥
까마귀 등을 타고 제주의
겨울을 빚는 파도 소리를 보라.
파도 소리가 열어놓는 하늘 밖의 하늘을 보라, 누이야.

오랜 연륜이 지났으면서도 문충성의 〈濟州바다〉는 늘 현재진행형의 절창이다. 제주도를 그저 아름다운 관광휴양지로나 인식하고 있는 외지인들이나, 경제논리에 눈멀어 국제자유도시의 환상에 젖는 제주인들의 굳어있는 의식에 쐐기를 박는 통렬한 아픔이 있음으로 해서이다. 아울러 제주적 순수의 始原과 본질을 표나게 드러내고 있기 때문이다. 문충성은 '濟州사람이 아니고는 진짜 濟州바다를 알 수 없다' 고 한다. 자신의 싸움터에서 그 싸움을 껴안아 보지 않은 자는 삶을 알 수 없다라는 의미이다. 이러한 아픈 깨달음을 문충성은 제주바다에서,

제주민의 삶의 태도에서 길어올린 것이다. '눈물나는 勞役이 빛나는 열매를 장만할 때까지' (문충성의 〈序詩〉) 忍苦로써 싸움 싸우는, 그럼으로써 삶을 껴안는 제주적인 것의 본질을 되새겨야 할 때이다. 혹시라도 우리는 제주바다가 싸움터였다는 사실을 망각하고 '한 톨 純粹' (〈序詩〉)마저 팽개쳐 버린 것은 아닌가.

어떤 힘겨루기

박세현

물동이 이고 달리기 1위 사북읍 2위 정선읍 3위 남면
짐지기 1위 북면 2위 남면 3위 신동읍
새끼꼬기 1위 북면 2위 신동읍 3위 남면
짚신삼기 1위 신동읍 2위 북면 3위 임계면
동발입주 1위 정암광업소 2위 세원탄광 3위 동원탄좌 사북광업소
가마니들기 단체 1위 동원탄좌 사북광업소 2위 세원광업소 3위 대한석공 나진광업소

'제9회 정선아리랑제 입상현황' 이라는 부제가 붙어 있다. 정선군 발행, 〈정선아리랑제 10년〉이라는 책자의 내용을 그대로 옮겨놓은 것이다. 무슨 장난을 하는 것인가? 이것도 시가 되는가? 라고 독자들은 항의할지도 모르겠다. 하지만 유수한 중견시인의 시집에 실려있으니 이것이 '시' 임은 명백하다. 황지우에 의하면 '시' 가 중요한 게 아니라 '시적인 것' 이 중요한 것이다. 시인은 한 축제의 힘겨루기에서 '시적인 것' 을 발견하고, 그것을 은근히 그러나 강력하게 우리에게 인식시키고자 한다. 그 '시적인 것' 은 건강한 생산성과 걸쭉한 웃음이

조화롭게 어우러진 놀이의 세계이다. 모든 것을 남을 짓밟고 넘어서야 하는 경쟁 논리만 강요하는 시대에 이것 자체가 통절한 비판으로 작용하는 것이다.

자연(自然)

박재삼

뉘라 알리,
어느 가지에서는 연신 피고
어느 가지에서는 또한 지고들 하는
움직일 줄 아는 내 마음 꽃나무는
내 얼굴에 가지 벋은 채
참말로 참말로
바람 때문에
햇살 때문에
못 이겨 그냥 그
웃어진다 울어진다 하겠네.

〈춘향이 마음〉 연작의 한 편이다. 고전인 〈춘향전〉에서 시적 제재를 빌어와 훌륭하게 변용시킨 예이다. 사랑의 마음을 '꽃나무'에 견주어 그것이 마음 깊은 곳에서 저절로 솟아나오는, 인위적으로 어찌할 수 없는 것임을 춘향의 독백을 빌어 토로하고 있다. 달리 말하면, 사랑은 자연스런 생명현상의 하나라는, 우리가 쉽게 까먹는 근본이치를 '자연'을 빌어 자연스럽게 얘기하고 있는 것이다. '참말로' 그렇다! '참말로/ 바람 때문에/ 햇살 때문에/ 못이겨 그냥 그/ 웃어진다 울어진다' 하는 것이 '사랑'인 것이다. 그래서 사랑은 '하는' 것이 아니라 '빠지는' 것이리라.

풀나라

박태일

그 먼 나라를 아시는지 여쭙습니다
젓쟁이 노랑쟁이 나생이 잔다꾸
사람 없고 사람 닮은 풀들만
파도밭을 담장으로 삼고 사는 나라
예순 아들이 여든 어머니 점심상을 차리고
예순 젊은이가 열 살 버릇대로
대소사 상다리 이고 지는 마을
사람만 봐도 개는 굼실 집 안으로 내빼
이름 잊혀진 채 그저 풀로만 불리는
강바랭이 씀바구 광대쟁이 독새기
이장 댁 한산 할배 마을 회관 마룻바닥에
소금 전 양 등줄 꺼지게 누운 마을
토광 옆 마늘 종다리는 무슨 힘으로
아침저녁 울컥벌컥 잘도 듣는데
한때 마흔 이젠 스무 집 어른들
집집 다 버리고 마을 회관 두 방
문지방 내외하며 자고 먹는 풀나라

굴 양식 뜰것이 아침마다 허옇게
저승길 종이꽃처럼 피는 바다
그 먼 나라를 아시는지 여쭙습니다.

그 먼 나라를 아시는지요? 신석정의 〈그 먼 나라를 알으십니까〉는 낭만적 이상향에의 염원을 노래하고 있지만, 박태일의 '그 먼 나라'는 전혀 분위기가 다릅니다. 신석정이 호젓하면서도 평화로운 낙원에의 동경을 그리고 있는 반면, 〈풀나라〉는 아연 쓸쓸하고 고즈넉합니다. '그 먼 나라'는 사실 멀리 있거나 상상 속에 존재하는 나라는 아니랍니다. 바로 우리가 눈만 돌리면 그냥 맞닥뜨리게 되는 우리의 원초적 고향인 시골이랍니다. 그곳에는 이제 젊은이들은 다 떠나버리고 늙으신 우리 어머니, 아버지들만 잊혀진 풀꽃처럼 생을 견디고 있을 뿐이지요. 그러나 도시의 네온 속에 자리잡고자 하는 우리의 욕망은 어쩌면 불나방과도 같은 것일지도 모릅니다. 하찮은 풀꽃들에 이름을 불러주면 풀꽃들의 은은한 향기가 새롭듯이, 잊혀진 고향-그 먼 나라를 다시 마음에 새기는 것이 우리 생을 보다 아름답게 만들지 않을까요?

밤에 용서라는 말을 들었다

이진명

나는 나무에 묶여 있었다. 숲은 검고 짐승의 울음 뜨거웠다. 마을은 불빛 한 점 내비치지 않았다. 어서 빠져나가야 한다. 몸을 뒤틀며 나무를 밀어댔지만 세상 모르고 잠들었던 새 떨어져내려 어쩔 줄 몰라 퍼드득인다. 발등에 깃털이 떨어진다. 오, 놀라워라. 보드랍고 따뜻해. 가여워라. 내가 그랬구나. 어서 다시 잠들거라. 착한 아기. 나는 나를 나무에 묶어 놓은 자가 누구인지 생각지 않으련다. 작은 새 놀란 숨소리 가라앉는 것 지키며 나도 그만 잠들고 싶구나.

누구였을까. 낮고도 느린 목소리. 은은한 향내에 싸여. 고요하게 사라지는 옷자락. 부드러운 노래 남기는. 누구였을까. 이 한밤중에.

새는 잠들었구나. 나는 방금 어디에서 놓여난 듯하다. 어디를 갔다 온 것일까. 한기까지 더해 이렇게 묶여 있는데. 꿈을 꿨을까. 그 눈동자 맑은 샘물은. 샘물에 엎드려 막 한 모금 더 마셨을 때. 그 이상한 전언. 용서. 아, 그럼. 내가 그 말을 선명히 기억해 내는 순간 나는 나무 기둥에서 천천히 풀려지고 있었다. 새들이 잠에서 깨어 깃을 치기 시작했다. 숲은 새벽빛을 깨닫고 일어설 채비를 하고 있었다.

얼굴 없던 분노여. 사자처럼 포효하던 분노여. 산맥을 넘어 질주하던 증오여. 세상에서 가장 큰 눈을 한 공포여. 강물도 목을 죄던 어둠이여. 허옇고 허옇다던 절망이여. 내 너에게로 가노라. 질기고도 억센 밧줄을 풀고. 발등에 깃털을 얹고 꽃을 들고. 돌아가거라. 부드러이 가라앉거라. 풀밭을 눕히는 순결한 바람이 되어. 바람을 물들이는 오랜 영혼이 되어.

'용서' 라는 말은 영적인 힘을 지니는가 보다. 분노와 증오, 공포와 절망에 부대끼던 자아가 오히려 그것을 감싸고 있지 않은가. "강물도 목을 죄던 어둠" 을 외면하지 않고 "내 너에게로 가노라" 고 선언할 수 있는 이 힘은 과연 무엇이란 말인가. 그것은 더 가엾은 것에 대한 연민과 타자의 고통을 돌아볼 수 있는 긍휼함에서 나오는 것이질 않겠는가. "풀밭을 눕히는 순결한 바람" 처럼 '용서' 는 부드럽고 부드럽지만, 그 속에 내재한 따스함이 '사자의 포효' 를 가라앉히며, '분노의 칼' 을 수그리게 하는 위력을 가졌음에랴.
한 해가 저물고 있다. 모든 이들에게 용서가 허락되기를 빈다.

그리운 시냇가

장석남

내가 반 웃고
당신이 반 웃고
아기 낳으면
돌멩이 같은 아기 낳으면
그 돌멩이 꽃처럼 피어
깊고 아득한 골짜기로 올라가리라
아무도 그곳까지 이르진 못하리라
가끔 시냇물에 붉은 꽃이 섞여내려
마을을 환히 적시리라
사람들, 한잠도 자지 못하리

마치 신화 속의 세상을 보는 듯하다. 태양신 해모수는 물의 신 하백의 딸 유화와 빛으로 교접하여 주몽(동명왕)을 잉태하게 했으나, 여기서는 '웃음' 의 섹스가 펼쳐진다. 그 웃음은 인간의 언어를 빌지 않고도 새로운 생성을 낳고('돌멩이 같은 아기'), 바야흐로 온 세상을 '꽃' 으로 환하게 물들인다. 황홀한 축제의 도가니에 누가 잠들 수 있으리. 그냥 그 향기에 취할 뿐이다. 아마도 '그리운 시냇가' 는 우리가 이르지 못할 곳에 꽁꽁 숨어 있으리라. 그렇기에 더욱 그립고 그리우리. 사람들아, 이르지 못하더라도 우리 근원의 웃음이라도 마구 전염시키자.

지금은 비가…

조은

벼랑에서 만나자. 부디 그곳에서 웃어주고 악수도 벼랑에서 목숨처럼 해다오. 그러면 나는 노루피를 짜서 네 입에 부어줄까 한다.

아, 기적같이
부르고 다니는 발길 속으로
지금은 비가…

| 아무리 거칠고 보잘 것 없는 삶일지라도 삶이란 더없이 진지한 것이겠지요. 절망은 어디에나 숨어 있겠지만, 그 때 그것을 만나는 자세가 어떠한가에 따라서 삶의 모습도 달라지겠지요. 때로는 타인의 절망에도 작은 손길이나마 진정하게 내밀 수 있다면 그것이 기적을 불러올 수도 있겠지요.
그렇습니다. 삶의 벼랑을 알고 그러나 그 벼랑에서 목숨처럼 악수하고 환한 웃음 나눠 가질 수 있다면, 그리하여 서로에게 생명의 피를 수혈할 수 있다면, 정말로 '기적' 처럼 생의 단비가 내릴 것입니다. 그대여, 절박함이 기적을 만드나니, 우리 벼랑 끝에서 '목숨' 처럼 포옹할 수 있기를 !

님의 침묵

한용운

님은 갔습니다 아아 사랑하는 나의 님은 갔습니다
푸른 산빛을 깨치고 단풍나무숲을 향하여 난 작은 길을 걸어서 차마 떨치고 갔습니다
황금의 꽃같이 굳고 빛나던 옛 맹서는 차디찬 띠끌이 되어서 한숨의 미풍에 날아갔습니다
날카로운 첫 키스의 추억은 나의 운명의 지침을 돌려놓고 뒷걸음쳐서 사라졌습니다
나는 향기로운 님의 말소리에 귀먹고 꽃다운 님의 얼굴에 눈멀었습니다
사랑도 사람의 일이라 만날 때에 미리 떠날 것을 염려하고 경계하지 아니한 것은 아니지만 이별은 뜻 밖에 일이 되고 놀란 가슴은 새로운 슬픔에 터집니다
그러나 이별을 쓸 데 없는 눈물의 원천을 만들고 마는 것은 스스로 사랑을 깨치는 것인 줄 아는 까닭에 걷잡을 수 없는 슬픔의 힘을 옮겨서 새 희망의 정수박이에 들이부었습니다
우리는 만날 때에 떠날 것을 염려하는 것과 같이 떠날 때에 다시 만날 것을 믿습니다

아아 님은 갔지마는 나는 님을 보내지 아니하였습니다
제 곡조를 못이기는 사랑의 노래는 님의 침묵을 휩싸고 돕니다

나는 불교의 오묘한 진리를 잘 알지 못한다. 석가가 온갖 고행을 겪어서야 겨우 얻을 수 있었던 깨달음의 깊이를 진세(塵世)의 나 같은 범인이 어찌 그 실오리 하나조차 잡을 수가 있으랴. 그렇기에 나는 '색즉시공' 이니 '무소유' 니 하는 불교의 오의(奧義)를 쉽게 체득할 수가 없다. 그러나 만해 선사의 부드러운 일갈(一喝)은 문득 나를 후려쳐 정신을 번쩍 들게 한다. '걷잡을 수 없는 슬픔의 힘' 을 옮겨서 '새 희망의 정수박이' 에 들이붓다니! 이 얼마나 신선하면서도 살 맛 나게 하는 화두인가. 그것이 곧 스스로 사랑을 완성하는 방법이라니, '고통의 바다' 를 건너는 튼실한 거룻배 한 척을 장만한 셈이다. 부디스트가 아니라 해도, 석가가 이 세상에 오신 것을 어찌 찬양치 않으랴.

이런 죽음은

허영선

살다보면
혹한처럼 사건도 일어난다지만
이런 죽음을 설명할 수 있나
고내리선 콩을 꺽고 있다가
조밭의 검질 매다가
느닷없는 죽임을 당했다지
구엄리 이두연의 처는
아기를 낳는 순간 죽었고
김만호의 모친 이춘생은
아기를 받아주다가 같이 죽었다지
그땐 사람이 내는 소리가 아니었다지
소울음 소리 내던 그때였다지
부모님 불에 타 죽곡
동생은 신촌서 죄 없이 죽곡
허벅에 물 긷고 오던 고모님
군인이 길 묻자 놀란 표정 때문에 죽곡
시월 열하루 날 동팔이 아버진 솔잎 눌에 숨었다 불에 타 죽곡

애기 밴 어미가 아이 둘 데리고 숨었다 들켜 죽곡

제주사람에게 있어서 4월은 과연 '잔인한 달' 임에 틀림없다. 비극이라 해도 이런 죽음들이 어디 있었겠는가. 쉰 여섯 해 전의 광기어린 바람은 이 땅을 온통 핏빛으로 물들였고, 제주사람들은 순한 눈망울의 짐승처럼 '목젖의 음운' 을 알 수 없는 소울음 소리로 죽어가야 했다. 그럼에도 '죽임의 계절' 은 저 무자년의 난리 자체로 끝나지 않고 반세기를 넘게 제주사람들을 옥죄어 숨죽이게 하지 않았던가. 이데올로기에 눈멀어 온 국가가 미쳐 날뛰던 일을 대통령이 직접 사과했건만, 한쪽에서는 아직도 '4 · 3' 을 '좌익폭동' 이라 하고 있으니 어찌 통탄하지 않으랴. 감히 외치노니, 대한민국이여, 제주사람들을 두 번 죽이지 말라!

2부

사람을 만나러 가는 길에

별 하나

김형영

별 하나 아름다움은
별 둘의 아름다움,
별 둘 아름다움은
별 셋의 아름다움,
별 셋 아름다움은
별 여럿의 아름다움,
별 여럿 아름다움은
별 하나의 아름다움,

별 하나 별 둘 어우러지고
별 둘 별 셋 어우러지고
별 셋 별 여럿 어우러지고
별 여럿 별 하나 어우러지고

아름다운 하늘의 별
어느 별 하나
혼자서 아름다운 별 없구나.

혼자서 아름다우려 하는
별 없구나.

그래, 우리 인간들도 저 별들처럼 서로 따로, 또 같이 아름답게 어울려 살 수는 없을까.

강물이 될 때까지

신대철

사람을 만나러 가는 길에
흐린 강물이 흐른다면
흐린 강물이 되어 건너야 하리

디딤돌을 놓고 건너려거든
뒤를 돌아보지 말 일이다
디딤돌은 온데간데 없고
바라볼수록 강폭은 넓어진다
우리가 우리의 땅을 벗어날 수 없고
흐린 강물이 될 수 없다면
우리가 만난 사람은 사람이 아니고
사람이 아니고
디딤돌이다

흐린 강물 되기, 또는 함께 젖기-진정으로 우리가 사람을 만나기 원한다면 자신을 벗어던져야 하리라. 디딤돌은 미망일 뿐이다.

섬의 기상

양진건

너는 맨발인 채로 졸고
파도는 봉기하는 격렬한 이단자인가
사납고 굽힐 줄 모른 채
산들을 찢고 바위들을 깨뜨리지만
섬은 파도 속에 있지 않고
오, 위태한 세상의 졸음이여
파도 다음에는 지반의 침하가 오지만
섬은 침하의 한가운데서도
흔들릴 것도 없는 안심한 좌정
그렇게 자주 모욕적이지만
섬은 꿈인가 바람과 껴풀 같은 그러나
침하 다음의 물의 나라에선 아직
끝나지 않은 꿈을 계속 꿀 수 있을까
눈이 팔다리가 심장이 땀구멍이
크게 열리는 힘센 꿈
아직도 참을 수 없다니 졸음이여
섬이여 여전한 배반이여

발치에서 부르면 무덥고 한낮인데도
단단히 깨어 한참을 눈부시는 너

양진건은 어떤 시에서 "세계의 대부분은 교호적" 이라고 읊는다. 그것은 풍경의 '무방비함' 에서 '넉넉한 우주' 를 보기 때문이다. 이 시에서도 양진건의, 세계에 대한 교호적 태도는 여실하다. 얼핏 보면 격렬한 파도의 거친 움직임에서 세계의 폭력과 위태로움을 얘기하는 것 같지만, 그것은 단지 배경일 뿐이다. 핵심은 "산들을 찢고 바위들을 깨뜨리"는 '파도의 봉기' 속에서도 '안심한 좌정' 을 할 수 있는 '섬의 기상' 에 있는 것이다. 양진건의 '섬' 은 마치 세상이 뒤집혀도 참선에만 몰두하는 선사처럼 느껴진다. 그러한 태도를 '기상' 이라고 한 점이 묘하다. 하기는 山門에서 묵묵히 禪에 잠겨있는 스님의 고요가 때로는 온 산을 짓누르는 무게로 다가오는 것이기도 하다.

무법(無法)

오규원

사람이 할 만한 일 가운데
그래도 정말 할 만한 일은
사람 사랑하는 일이다

- 이런 말을 하는 시인의 표정은
  진지해야 한다

사랑에는 길만 있고
법은 없네

- 이런 말을 하는 시인의 표정은
  상당한 정도 진지해야 한다

사랑에는 길만 있고
법은 없네

한여름 뙤약볕 아래서조차 두터운 외투를 걸쳐야 한다면? 미친 짓이라 할 것이다. 그럼에도 우리는 항용 그 미친 짓을 자행하고 있지 않은가. 그냥 있는 대로 사랑하면 될 텐데, 그걸 또 근엄하게 규정하고 똥폼 잡고 있으니 말이다. "사랑에는 길만 있고/ 법은 없" 다는 데도 또 진지하고 무겁게 '법' 을 만들고 있으니 말이다. 정녕 '사랑' 은 '무법' 의 길인 것을. 사랑하는 그대여, 그냥 '법' 없이 사랑하시라! 그리고 '나' 여, 제발 '법' 을 버릴 수 있기를!

우리들의 그릇

오세영

왜 화분을 만들었을까,
뿌리째 뽑혀 창틀에 놓인 장미,
장미는 이미 장미가 아니다.
언어는 이미 언어가 아니다.
어느 새 구호에 담긴 언어,
우리는
하나의 입에 맞는 그릇을
갖고 있다.
그릇에 담긴 하나의 의미,
그릇에 담긴 하나의 시,
누가 우리에게 화분을 준 것같이
이제 우리들의 그릇을 부셔다오.
장미 한 송이 뿌리채 뽑혀 와
창틀에 놓여 있다.

'그릇' 은 인간의 숙명이다. '그릇' 이 아니면 인간은 그 어떤 의미도 담을 수가 없다. 흐르는 물은 '그릇' 에 가둬두지 않는 한 그 형태를 이룰 수가 없다. 그러나 형태화된 물이 과연 물 자체일 것인가. 물은 흐르지 않는 한 또한 물일 수가 없다. '그릇' 에 물을 가둬놓고 물의 형태를 안다고 하는 것은 인간의 어리석음이다. 그 물의 형태란 사실 '그릇' 의 형태에 다름 아니기 때문이다. 그래서 '그릇' 을 부셔버려야 하는 것도 인간의 숙명이다. 이 서로 다른 숙명을 어떻게 동시적으로 받아들여야 하는가. 그것이 생의 풀 길 없는 화두이리라.

풀잎 가는 촉루 위에

이언빈

풀잎 가는 촉루 위에
때때로 때때로 반짝이는 이슬처럼
한 눈 감고 지나치면
세상은 그만 보석인 것을

어쩌냐
두 눈 푸르게
이마까지 웃을 수 없는
내가 감옥인 것을

어쩌냐
내가 감옥인 것을

과연 그럴까. 그냥 슬쩍 눈 한번 감아버리면, 세상은 과연 '보석'처럼 될까. 그럴지도 모른다. 세상의 어떤 아픔에도, 온갖 더러움에도 그냥 무관

한 일이려니 하고 '한 눈 감고 지나치면' 세상은 '보석' 처럼 빛나 보이기도 할 것이다. 그러나, 과연 그렇다고 하드라도 그것은 '풀잎 위에 때때로 반짝이는 이슬' 과 같은 것이 아닐 것인가. 어느 순간 신기루처럼 사라져버리는. 달리 생각해서 모든 것이 마음에 달려 있기에, 선사들처럼 진창에서 피는 연꽃의 깨달음을 떠올릴 수도 있으리라. 그러나, 다시 그러나 말이다. 과연 어쩔 것이랴. 세상의 아픔과 더러움에 "두 눈 푸르게/ 이마까지 웃을 수 없는/ 내가 감옥인 것을" . 세상이 아픈데 어찌 나 홀로 아프지 않을 수 있으랴. 내 마음은 여전히 '감옥' 이다.

여름밤

이준관

여름밤은 아름답구나.
여름밤은 뜬눈으로 지새우자.
아들아, 내가 이야기를 하마.
무릎 사이에 얼굴을 꼭 끼고 가까이 오라.
하늘의 저 많은 별들이
우리들을 그냥 잠들도록 놓아주지 않는구나.
나뭇잎에 진 한낮의 태양이
회중전등을 켜고 우리들의 추억을
깜짝깜짝 깨워놓는구나.
아들아, 세상에 대하여 궁금한 것이 많은
너는 밤새 물어라.
저 별들이 아름다운 대답이 되어줄 것이다.
아들아, 가까이 오라.
네 열 손가락에 달을 달아주마.
달이 시들면
손가락을 펴서 하늘가에 달을 뿌려라.
여름밤은 아름답구나.

짧은 여름밤이 다 가기 전에 (그래, 아름다운 것은 짧은 법!)
뜬 눈으로
눈이 빨개지도록 아름다움을 보자.

아득하여라. 밤하늘의 별을 헤아리고 달빛에 소원을 빌던 일이 그 언제였던가. 옛 아버지들은 어린 아들들의 눈동자에 자연의 신비를 가득 담아주고 말없이 교감을 나누었건만, 지금 아버지가 된 우리들은 과연 어떠한가. 자본과 기계의 울타리에 아이들을 묶어놓고 있지는 않는가. 무더운 여름밤, TV를 끄고 바닷가나 야트막한 동산에라도 올라 아이들의 눈동자에 별을 담아주고 손가락마다에는 달을 따서 걸어줄 일이다. 아이들의 추억의 곳간이 풍성해지면, 아무런 말이 없이도 달빛을 뿌리는 교감으로 세상은 보다 환해지리라.

쑥 사우나실에서의 還生

주창윤

還生을, 꿈꾸어본다.
복날 오후 아무도 없는 쑥 사우나실의 동굴

하나부터 백까지 천천히 세기로 한다.
사람다운 사람으로 태어나기를.

예순을 넘기고부터
급격히 세는 속도가 빨라지기 시작한다.

사람이 아니라 곰 한 마리가
나무의자에 앉아서 땀을 흘리고 있다.

하나의 이미지가 겹쳐진다. 누군가의 그림에, 벌거벗고 사우나실에 앉아있는 인간군상을 오븐에서 구워지는 전기구이 통닭의 이미지로 형상화한 것을 본 적이 있다. 끔찍한 일이다. 이 시는 전혀 시치미를 떼면서 한 걸음 더 나아가 문명과 문명 속의 인간을 풍자적으로 비판한다. 활력을 얻기 위하여 땀을 빼고 휴식을 취하지만, 그 환생은 엉뚱하게도 '사람다운 사람으로 태어나' 는 것이 아니라 한 마리 짐승으로 탈바꿈하는 것이다. 자신을 비워내어야 하는데, 사우나실에서 땀을 뻘뻘 흘리는 것은 사실은 다른 욕망을 채우기 위한 방편이기 때문이다.

시인

진이정

시인이여,
토씨 하나
찾아 천지를 돈다

시인이 먹는 밥, 비웃지 마라

병이 나으면
시인도 사라지리라

| 본명 박수남. 34세의 젊은 나이에 세상을 버렸다. 사인은 영양실조. 아니, 영양실조라니! 자본의 휘황한 불빛이 넘쳐나는 이 시대에 영양실조라니. 기막히지 않은가. 진이정의 죽음은 우리 시대의 도저한 상징이다. 그는 죽음으로써 지금-여기의 삶을 추문으로 만들어 버린 것이다. 아으, 추악한 시대의 추악한 우리의 모습이여.
독자들이여, 보잘것없는 토씨 하나를 찾아 천지를 헤매는 '시인' 이 그대들 보기

에는 정말 같잖아 보일 것이다. 그대들의 기름진 식탁에 비해 '시인' 의 주린 밥은 마음껏 비웃기에 얼마나 좋은가. 그러나 독자들이여, 그대들을 위하여 간곡히 말하나니 제발 다시는 '시인' 이 먹는 밥을 비웃지 마라. 토씨 하나 온전하게 맞춰 놓는 일이 바로 이 세상의 병을 치료하는 일이니, 그대들의 욕망이 멋대로 찢어놓은 언어의 생채기를 누가 밤을 새워 꿰매고 있는가를 생각할 일이다. 비록 진이정은 죽었지만 세상의 병이 남아 있는 한 그는 영원히 시인으로 그대들 곁에 살아있으리라.

甫木里 사람들

한기팔

세상에 태어나
한 번 사는 맛 나게 사는 거 있지
이 나라의 남끝동
甫木里 사람들은 그걸 안다

보오보오
물오리 떼 사뿐히 내려 앉은
섶섬 그늘
만조때가 되거든 와서 보게

가장 큰 바다는
언제나 우리의 등 뒤에 있고
이 시대의 양심인 양
아무 말이 필요치 않은
사람들

다만 눈으로만 살아가는

이웃들끼리
먼 바다의 불빛,
하늘 한 쪽의 푸른 빛 키우며
키우며 마음에 燈을 켜고
살아가는 사람들

세상에 태어나
한번 사는 맛 나게 사는 거 보려거든
이 나라의 남끝동
甫木里에 와서 보면 그걸 안다.

'서귀포' 의 시인 한기팔. 그의 고향이 보목리이다. 서귀포 칠십리 해안선이 절경이 아닌 곳이 없건마는, 지금은 그 절경의 해안선마다 특급 관광호텔들이 두루 장악하고 있어서 옛 정취를 잃어버림은 물론 나그네의 발길을 씁쓸하게 한다. 그럼에도 보목마을은 그 해안선 한 귀퉁이에 다소곳이 자리하여 얼마간 옛이야기를 들려준다. 보목리 바닷가에 앉아 자리회를 곁들여 소주 한 잔 기울이는 맛은 가히 일품이다.

한기팔에 의하면, 보목리 사람들은 '사는 맛 나게' 살아간다. 그것은 태어난 그대로 욕심없이 바다를 의지하여 '마음에 燈을 켜고' 살아가기 때문이다. 그리하여 하늘빛과 바다빛, 그리고 사람의 마음빛이 하나로 일치되고자 하기 때문이다. 한

기팔은 다른 시에서 '겸허하게 바늘로 서서/ 이 세상 헤진 데를 깁고' 싶다고 했는데, 그게 다 이러한 마음에서 나오는 것이리라.

호박꽃

현주하

척박한 땅에 태어나서
채마전 귀퉁이도 감지덕지
이게 어느 하르방 덕이냐고
겁도 없이 뻗어나간 줄기 하나가
샛대 지붕 탄탄히 얽어
하늬바람 등살에도 꼿꼿이
파란 잎 덕지덕지 매달아
병술 흉년에도 죽을 쑥고
밤이면 호롱불로 떠서
앞마당도 훤히 밝히더니
우리 아방 줄둥이 우리 어멍 잎둥이
우리 딸 꽃둥이 우리 아들 엉드룽둥이
우리 어멍 아방 힘이 좋아
이빨도 들지 않는 호박엿 치성들여
절고개 숱한 세월 찢기어 가도
덩드룽 동도롯이 나앉은 섬
사람 살 구멍은

돌구멍처럼 배룽배룽
ㅈ냥 바가지 하나로도
두 주먹 펴지 않고 살 수 있다던 어머니 말씀
아들아, 오늘도
설문대 할망 오줌줄기 같은
그 청청한 말씀이
너의 팔을 휘감고 줄기 하나로 뻗어
이바닥 호박꽃을 진창으로 피우나니

소리내어 읽기만 해도 감칠맛이 '호박엿' 처럼 맴돈다. 순전히 제주말의 힘이다. 'ㅇ' 의 비음이 연속해서 울리는 반향이란 가히 살 떨릴 만치 온몸을 간지럽힌다. "호박꽃도 꽃이냐" 고 흔히 못난 것의 비유로 통용되던 '호박' 은 그러나 제주섬의 척박한 땅에서 '호박죽' 으로 모진 흉년을 견디게도 하고, '호박엿' 으로 어린 자식들을 길러내어 '찢기어 간 숱한 세월' 에도 이 섬을 '덩드룽 동도롯이' 넉넉한 품새로 존재하게 했다. 호박은 그 자체뿐만 아니라 잎, 줄기, 꽃, 씨까지 버릴 것이 하나도 없는 우수한 영양식품이다. 채마전 한 귀퉁이에 오롯이 자리잡아 소박한 품새로나마 알차면서 진국의 가치를 지닌 호박만큼만 우리도 살아봅주게.

3부

길의 마음 위로

게

권대웅

바다는 언제나 정면인 것이어서
이름 모를 해안하고도 작은 갯벌
비껴서 가는 것들의 슬픔을 나는 알고 있지
언제나 바다는 정면으로 오는 것이어서
작은 갯벌 하고도
힘없는 모래 그늘.

거대한 바다는 가히 위압적인 삶의 모습과 닮아 있다. 그것은 언제나 정면으로 우리를 압도한다. '힘없는' 사람들의 생은 몹시 겨워 '비껴서 가는' 게의 생리를 터득할 뿐이다. 슬픔은 잔잔하면서도 깊다. 그러나, 원경에서 근경으로, 거시적인 것에서 미시적인 것으로의 시선이동 때문에 작은 게의 모습이 한없이 클로즈업된다. 나에게는 '비껴서 가는 것들의 슬픔' 을 간직한 게가 오히려 바다를 깨물고 버티는 모습이 보인다. 생의 도저한 역설!

猗蘭操

김관식

孔子님께서 衛로부터 魯나라로 돌아오실 때 후미진 산골, 회맑은 5월의 물살 같은 햇볕의 瑟瑟한 바람 속에 아무도 몰래 핀 蘭을 보시자 수레를 머무르고 憮然히 내려앉아 거문고 한 가락을 노래하고 타시니, 梧桐꽃 냄이 나는 저녁놀에 물들어 파란한 수염이 나븨끼었으렷다. 낡은 壁畵의 그윽한 餘韻……

宇宙의 生命의 한구석에서 타고난 性稟을 다치지 않고 分에 맞는 제자리를 지키어 主人없는 空地에 기쁘게 살아가는 한떨기 풀꽃의 意思까지를 이렇게 속속들이 거느려 다스릴 뿐만 아니라 산산이 헤아려 풀이한단 말인가.

聖人이 되고 싶은 바램이 크기 私淑하노라 尋常치 않은 하늘만한 叡智를.

진실로, 蘭을 사랑하는 마음을 가진 者는 한 10리쯤 떨어진 밖에서라도 그 자우욱한 香氣를 알아들을 수 있는 어질고 밝은 귀를 가졌을 것이 아니겠는가.

내 잠 안오는 어떤 새벽에 베개를 고쳐 머리맡에 襤褸한 이불을 무룹쓰고 돌아누우며 白雪이 덮인 山등성이에 추위 타 떨고 있을 어린 뿌리의 싹수를 생각하고 뜬눈으로 밝힌다.

대한민국 김관식. 스스로의 명함에 새겨 온갖 기행과 파격으로 한 시대를 살다 요절한 불우한 시인. 세인들은 그를 두고 이단과 허장성세를 떠올리겠지만, 어쩌면 그의 행위는 부조리한 시대에 부조리한 세상과 온몸으로 맞서고자 한 항거는 아니었을까.

김관식의 시들은 그의 의고취향과 동양사상에의 경도 때문에 별다른 주목을 받지 못하고 일찍이 세인들의 관심에서 잊혀졌지만, 그의 독특한 예지들은 새겨둘 만하다. 10리 밖에서도 난의 향기를 음미할 수 있다니! 아니, 난의 향기도 코로 내음 맡는 게 아니라 귀로 새겨 듣다니! 세상의 모든 사랑하는 이들이여, 그것이 어떤 사랑이든 간에 모름지기 사랑은 이렇게 할 일이다.

가을하늘

김영남

누가 쓴 편지일까?
거미가 소인을 찍고
능금나무가 저렇게 예쁜 우표를 붙인.

누군가는 가을을 두고 언제나 처음 만나는 것 같다고 했습니다. 그렇습니다. 수십 번의 가을이 오고, 또 지나고 했건만, 나에게도 가을은 늘 처음 맞이하는 신부와도 같습니다. 참으로 계절의 오묘한 비의겠지요. 우리네 가을 하늘이 참 이쁘다고 합니다만, 김영남 시인은 그것을 "거미가 소인을 찍고/ 능금나무가 저렇게 예쁜 우표를 붙인" '편지' 라고 하고 있군요.

그렇다면 그것은 자연이 우리에게 띄우는 사랑의 메시지이겠지요. 우리도 마땅히 답신이 있어야 할 것 같습니다. 그 답신은 자연이 푸른 하늘과 맑은 공기를 있는 그대로 간직할 수 있게 하는 일일 것입니다.

우리는 자연이 우리에게 베푸는 사랑을 누릴 수 있을지언정 자연의 소유를 우리 멋대로 뺏거나 더럽힐 수 있는 권리는 없는 게 아니겠습니까. 점점 가을이 짧아진다고 우리는 투덜대지만, 그 까닭은 결국 우리가 자연의 소유를 멋대로 뺏고 유린

한 결과가 아닐런지요. 오늘 가을 우체국에서 자연에게 그리움의 엽서를 한 장 띄우면 어떨까요.

여울

김종길

여울을 건넌다.

풀잎에 아침이 켜드는
개학 날 오르막 길.

여울물 한 번
몸에 닿아보지도 못한
여름을 보내고,

모래알처럼 지던
시가를 벗어나,

질경꽃 빛 구월의 기류를 건너면,

은피라미떼
은피라미떼처럼 반짝이는

아침 풀벌레 소리.

은은한 실내악 같은 자연의 화음. 은피라미떼의 유영(遊泳)과 아침 이슬을 머금고 풀잎을 연주하는 풀벌레의 하모니. 질경꽃 빛 계절에 그냥 마음이 부시다. 때로는 무거운 마음 부려놓고 자잘한 일상도 잠시 호주머니에 구겨놓은 채 맨발로 여울을 건너고 싶다. 맨살을 간질이는 물살의 찰랑거림에 순간 온 세상이 시원하다.

家庭

박목월

地上에는
아홉 켤레의 신발.
아니 현관에는 아니 들깐에는
아니 어느 詩人의 가정에는
알 전등이 켜질 무렵을
文數가 다른 아홉 켤레의 신발을.

내 신발은
十九文半.
눈과 얼음의 길을 걸어,
그들 옆에 벗으면
六文三의 코가 납작한
귀염둥아 귀염둥아
우리 막내둥아.

미소하는
내 얼굴을 보아라.

얼음과 눈으로 壁을 짜올린
여기는
地上.
憐憫한 삶의 길이어.
내 신발은 十九文半.

아랫목에 모인
아홉 마리의 강아지야
강아지 같은 것들아.
屈辱과 굶주림과 추운 길을 걸어
내가 왔다.
아버지가 왔다.
아니 십구문 반의 신발이 왔다.
아니 지상에는
아버지라는 어설픈 것이
존재한다.
미소하는
내 얼굴을 보아라.

'아버지', 얼마나 벅차고 든든한 이름인가. 어린 시절, 세계는 결코 아버지의 가슴팍 넓이보다 크지 못했다. 그러나 '강아지 같은' 어린것들을 안온하게 지켜내기 위하여 우리들의 아버지는 '굴욕과 굶주림과 추운 길'을 감내해야 했다. 힘겨운 생활의 전장에서 밑창이 다 닳아진 '십구문 반의 신발'을 끌면서 '어설픈' 표정이나마 어린것들에게는 '미소하는 얼굴'을 보여야만 했다. 아버지의 그 사랑 때문에 어린것들은 가난하고 보잘것없는 아버지가 더없이 위대해 보였던 것이다. 요즘에는 아버지의 설자리가 없다고 한다. '어설픈 것'으로 존재하는 아버지는 더 이상 존재가치를 인정받지 못한다고 한다. 슬픈 일이다. 그러나 그것은 한편으로 우리가 옛날의 '아버지'를 잊어버리고, 어린것들에게 물신의 가치만 강조해온 당연한 댓가가 아닐 것인가.

독작(獨酌)

박시교

상처 없는 영혼이

세상 어디 있으랴

사람이

그리운 날

아, 미치게

그리운 날

네 생각

더 짙어지라고

혼자서

술 마신다

독작을 해본 일이 있는가. '독작' 은 홀로 술 마시는 것이 아니다. '독작' 은 자신의 고독에게 술잔을 나누는 것이고, 자신의 상처와 더불어 술잔을 기울이는 것이다. "사람이/ 그리운 날/ 아, 미치게/ 그리운 날" 위독한 마음을 다스리려고 시인은 독작을 한다. 그러나 그 상처와 고독을 위무하려는 것이 아니라 오히려 "네 생각/ 더 짙어지라고/ 혼자서/ 술 마신다". 그렇다, 아프지만 상처는 자주 헤집어 굳지 않게 해야 한다. 어쩌면 상처는 하나의 존재증명이니까. 그래서 독작하는 이의 모습은 쓸쓸해 보이지만, 동시에 그윽한 풍경의 무게를 동반한다. 허무의 압박감을 견디면서, 취하지 않고 독작할 수 있다면 그것도 '도(道)' 이리라.

가을 연서(戀書)

엄원태

생각지 않은 시간이 쌓여 큰 강을 이루고, 그대 생각함에 있어 나는 그 물위를 떠내려가는 나뭇잎 같습니다. 시간과 우리들 생(生)의 덧없음! 좋은 세월이군요. 붙잡을 풀잎이나 몸 대일 곳 없이 흐르는 자신의 덧없음을 그대는 사랑하시는가요, 작은 시냇물들이 모여 큰 강을 이루듯, 죽어버린 시간의 작은 그리움들의 한없는 부질없음 한데 모아 그대 서늘한 그림자라도 덮으리란 생각 버리지 못합니다. 덧없는 집착, 그대 언저리에 몸 대일 수 있을 때까지……

참으로 생은 덧없고 아아, '물위를 떠내려가는 나뭇잎' 같이 우리는 얼마나 보잘 것 없는가. 어쩌면 생은 '한없는 부질없음'의 누적이고 '덧없는 집착'의 반복인지도 모른다. 그럼에도 '죽어버린 시간'의 사금파리 기억이나마 기워 맞추고, 설령 부질없을지라도 '작은 그리움'의 냇물을 흘려보내 '큰 강'을 이룰 수 있다면. 그래서 '그대 서늘한 그림자라도' 덮을 수 있기를 바라는 마음은 안쓰럽지만 또한 얼마나 깊은 것인가. 물론 그것 역시 부질없는 도로(徒勞)에 그칠 수 있다. 그러나 그것이 바로 "그대 언저리에 몸 대일 수 있을 때까지" 갈

수밖에 없는 사랑의 운명이 아니던가. 우리네 생은, 또는 사랑은, 그래서 가을처럼 깊은가 보다.

내가 가끔 회상하는 건, 그날 잠에서 처음 깨어 나무 그늘 꽃 위에 쉬고 있는 자신을 발견하고, 나는 무엇이고 어디 있고 어디서 어떻게 그곳에 왔는가를 의아해 하던 그때의 일

이상희

눈물은 결국
만리포 파도처럼
죽은 마음의 눈꺼풀을 밀어올리며
깔깔한 사랑의 모랫벌을
다시 달리게 했다.

본문보다 길어 우리를 낯설게 하는 제목은 원래 밀턴의 〈실락원〉의 한 구절이다. 그것은 시인이 제목 자체에 특별한 의미를 부여했다는 것을 말해준다. 그러니까 이 시는 당연하게도 제목이 텍스트의 한 부분을 이루고 있는 것이다. 서정적 자아는 '나무 그늘 꽃 위에 쉬고 있던' 아름다운 사랑의 추억을 갖고 있다. 그러나 현실은 '깔깔한 모랫벌' 과도 같이 삭막하여 어떻게 과거에 그런 일이 일어날 수 있었는지 의아해질 지경이다. 추억과 현실의 괴리는 서정적 자아로

하여금 ‘눈물’ 을 흘리게 하는데, 놀라워라, 그 눈물이 ‘죽은 마음의 눈꺼풀’ 을 밀어올리는 것이 아닌가. 파도가 모래를 밀어올리듯 거칠고 참담한 현실을 다시 ‘사랑’ 이라는 욕망으로 달리게 하는 것이 아닌가. 누군가는 “인생은 추억을 완성하기 위하여 있는 것” 이라고 설파했지만, 사막과도 같은 인생에서 좋은 추억은 어딘가에 숨어있는 오아시스와도 같은 것이리라.

잎새를 위하여

이시영

나는 사랑을 가졌어라 잎새여
네 작은 것이 바람에 온밤을 나부끼며
하나의 거센 영혼을 허공에 재우듯이
나는 내 온몸을 대지 위에 떨며
하나의 여린 사랑을 가졌어라
바람 찬 새벽이여, 핏빛 이슬 끝 새 풀잎이여

가녀린 풀잎이 '바람 찬 새벽'을 뚫고, '핏빛 이슬'도 견디며 오롯이 피어나는 까닭을 아는가. 그것은 오로지 '사랑' 때문이다. 사랑의 위대함을 누군들 모르겠는가마는, 그러나 그것을 절절이 깨닫는 이 또한 몇몇일 것인가. 작은 잎새 하나가 '바람에 온밤을 나부끼'면서도 '하나의 거센 영혼을 허공에' 재울 수 있는 것도 '하나의 여린 사랑'을 가졌기에 가능한 것이다.
아아, 나도 '하나의 여린 사랑'을 가졌었건만, 어느 만치에서 그만 그 끈을 잃어버렸을꼬.

가을

이안

병든 나뭇잎 먼저

더 많은 벌레를 먹인 나뭇잎 먼저

아픔이 먼저

아픔에게 문병 간다

아픈 자만이 아픔을 아는 법이다. 동어반복의 말장난을 하는 게 아니다. 아픈 자만이, 아픔을 아는 자만이 사랑을 안다는 것이다. 그것도 온몸으로 아는 것이다. 누구나 사랑을 안다고 한다. 그러나 관념의 사랑은 가화(假花)와도 같아 아름답게 보이나 향기가 없다. 아픔을 체득한 자만이 사랑의 향기를 온몸으로 발산할 수 있는 것이다. 아픔은 오히려 축복이니, 세상의 모든 아픈 이들이여, 그대의 아픔 데불고 다른 아픈 이들에게 문병 가자. 그리고는 기꺼이 다른 아픔 껴안고 한바탕 황홀하게 춤을 출 일이다.

별

이하석

길의 마음 위로 낙엽이 진다. 돌아가는 이 거리의 불끈 가게를 지나 별들의 뒤로 낙엽들이 몰려가며 운다. 저 눈물들 모아 이 가을 나의 이부자리 만들어야겠다. 너는 어느 골짜기에서 또 뉘 그리며 그럴는지.

낙엽은 길 위에 지지 않고 '길의 마음 위로' 진다. 낙엽은 덧없이 지는 것이 아니라 자신의 의지를 갖고서 지는 것이다. 그것은 '별'에 닿기 위한 그리움의 실천이다. 그러나 닿을 수 없는 거리(距離) 때문에 낙엽들은 '운다'. 어차피 그리움은 닿을 수 없는 천형(天刑)과 같은 것. 시인은 그렇기에 그 마음을 자신의 것으로 받아들인다. "저 눈물들 모아 이 가을 나의 이부자리 만들어야겠다." 얼마나 넉넉하고 따스한 포용성인가. 하지만 그 이부자리 속에 스며드는 한기(寒氣)와 쓸쓸함이 나에게는 짙게 느껴진다. 나 역시 "어느 골짜기에서 뉘 그리며" 떨고 있을 누군가가 하염없이 그립기 때문이다. 별은 외로운 사람들의 그리움으로 하여 저렇게 빛나는 것이리라.

바람 부는 날이면

황인숙

아아 남자들은 모르리
벌판을 뒤흔드는
저 바람 속에 뛰어들면
가슴 위까지 치솟아오르네
스커트 자락의 상쾌!

깔끔하고 상쾌한 관능성이 기분 좋게 한다. 한 비평가에 의하면 황인숙은 '별짓'의 시인이다. 그 '별짓'은 위 시에서처럼 거의 장난기에 가까운 무상성의 유희와 같다. 그러나 그것은 관습과 현실적 유상성을 벗어나고자 하는 힘든 노력의 소산이다. 황인숙의 그러한 노력은 '늙음'을 막기 위한 것인데, 그녀의 전언에 의하면, "늙는 건 죽음보다 지독하"기 때문이다. 그렇다. 늙는다는 것은 달리 말하면 관습에 길들여지는 것이다. 관습에의 능동적 일탈은 정신의 젊음만 아니라, 육체의 늙음도 더디게 한다. 자, 이제 우리도 '별짓'에 빠져 '스커트 자락의 상쾌'를 느껴보자. 덥고 습한 여름날도 갑자기 상쾌해지리라.

4부

하얗게 떠오르는 글자들

북치는 소년

김종삼

내용 없는 아름다움처럼
가난한 아희에게 온
서양 나라에서 온
아름다운 크리스마스 카드처럼

어린 양들의 등성이에 반짝이는
진눈깨비처럼

아름답다. 그러나 그 아름다움의 배면에는 쓸쓸함이 짙게 배어난다. '내용 없는 아름다움' 일지라도 나도 '크리스마스 카드' 가 되어 쓸쓸한 누군가에게 배달되고 싶다. 모든 외로운 이들에게 축복이 있기를.

이 두 개의 눈은

- 어느 石像의 노래

신경림

원수의 탱크에 두 팔을 먹히고
또 원수의 이빨에 혓바닥을 잘리고
이제 남은 것은 이것뿐이다. 이
두 개의 눈.
누가 또다시 이것마저 바치라는가.
아무도 나에게서 이것을 빼앗지는 못한다 이
두 개의 눈은.
지켜보리라 가난한 동포의
머리 위에 내리는 낙엽을, 흰 눈을,
그들의 종말을.
학대하는 자와 학대받는 자의
종말을 보기 위하여 내가 지닌 것은
이제 이것뿐이다 이
두 개의 눈.

우리가 질곡과 어둠의 지난 시대를 헤쳐 나올 수 있었던 것은 바로 끝끝내 부릅뜬 '두 개의 눈'이 있음으로 해서이다. 아무리 입에 재갈을 물리고 몸뚱아리를 짓밟아도 진실과 정의의 승리에의 갈망으로 역사를 관통해 온 '두 개의 눈'. '지금-여기'의 자유민주주의는 거저 얻어진 것이 아니다. 끊임없이 피흘리면서도 절대로 감을 수 없었던 수많은 '두 개의 눈'들이 있었기에 가능했던 것이다. 그런데 아직도 잘못된 역사의 망령이 떠돌고 있다. 지난 시대의 압제자들과 그들의 그늘에서 온갖 영화를 누렸던 하수인들이 새로운 반동을 꿈꾸고 있다. 그것도 우리가 목마르게 갈구했고 피터지게 싸우면서 일궈낸 '자유민주주의'의 이름으로. 정말로 창자가 뒤집어질 일이다. 사람들아, 진실로 '학대하는 자와 학대받는 자의/ 종말을 보기 위하여' 우리가 끝끝내 지녀야 할 것은 잠들지 않는 '두 개의 눈'이다. 시퍼렇게 부릅뜬!

강

이정록

양수를 여섯 번이나 담았던
당신의 아랫배는
생명의 곳간, 옆으로 누우면
내가 제일 고생 많았다며
방바닥에 너부러진다
긴장을 놓아버린 아름다운 아랫배
누가 숨소리 싱싱한 저 방앗간을
똥배라 비웃을 수 있는가
허벅지와 아랫배의 터진 살은
마른 들녘을 적셔 나가는 은빛 강
깊고 아늑한 중심으로 도도히 흘러드는
눈부신 강줄기에 딸려들고파
나 문득 취수장의 물처럼 소용돌이친다
뒤룩뒤룩한 내 뱃살을
인품인 양 어루만지는 생명의 무진장이여
방바닥도 당신의 아랫배에 볼 비비며
쩔쩔 끓는다

어머니는 '생명의 무진장' 이다. 누가 어머니의 '터진 똥배' 를 비웃는단 말인가. 그것은 우리에게 끊임없이 희망을 공급하는 '숨소리 싱싱한 방앗간' 이거늘. 누가 어머니의 쩍쩍 갈라진 골 깊은 주름들을 외면하는가. 그것은 또한 메마른 세상에서 우리를 목마르지 않도록 생명수를 공급하는 물길이거늘. 어머니, 영원한 이름이여! 오늘 당신이 그립고 또 그립습니다.

성냥개비

이수익

可燃性 유황분의 그 끝을
가볍게
그슷는다.

불이 될 潛在를
비위처럼 건드린다.

확, 댕기는
점화의
始發.

이 순간은
아마
神도 바람을 모았을 것이다.
보다 머언 흐름을 위하여 江河는
파도를
되풀이해 보냈을 것이다.

나의 손이 아끼는
그 불꽃의 開眼을 위하여……
사랑이여,
우리의 눈길이 마주치는 순간
외길로 교류하는 피의 感電을
그대는 또한 느끼는가.

성냥개비가 점화되는 순간을 표현한 시다. 발상이 상큼하지만 너무 거창해서 작위적인 냄새가 난다. 그러나 그것과는 무관하게 달리 한 번 읽어보자. '사랑' 이 '피의 감전' 이라는 사실, 한 번의 점화를 위해 목숨을 사루는 것이라는 것을. 도저히 비합리적으로 보이는 순간의 열정 속에 신도 숨을 죽이고, 헤아릴 수 없는 파도의 넘나듦이 생의 해안을 아프게 두드렸을 것이라는 저 사랑의 지고함을.

간

임영조

푸성귀는 간할수록 기죽고
생선은 간할수록 빳빳해진다
재앙을 만난 생의 몸부림
적멸의 행간은 왜 그리 먼가

여말에 요승이 임금 업고 까불 때
간 잘 맞춘 임박은 승지가 되고
간하던 내 선조 임향은 괘씸죄 쓰고
남포 앞 죽도로 귀양 가 소금이 됐다

세상에 간 맞추며 사는 일
세상에 스스로 간이 되는 일
한 입이 내는 奸과 諫 차이
한 몸 속 肝과 幹 사이는 그렇게 먼가

꼴뚜기는 곰삭으면 무너지지만
멸치는 무너져도 뼈는 남는다

꽁치 하나 굽는데도 필요한 소금
과하면 짜고 모자라면 싱거운
간이란 그 이름을 세워주는 毒이다
간이 맞아야 입맛이 도는
입맛이 돌아야 살맛 나는 세상에
그 어려운 소금 맛을 늬들이 알어?

대비의 절묘함이 무릎을 치게 한다. 재미가 쏠쏠 배어나면서도 촌철살인의 깨우침이 눈을 번쩍 뜨게 한다. '세상에 간 맞추며 사는 일' 도 어렵지만 '세상에 스스로 간이 되는 일' 은 얼마나 지난한 것이랴. 과연 우리는 '어려운 소금 맛' 을 제대로 알기는 하는 걸까. 아니, 간이 알맞게 잘 들어있기나 한지 한번쯤 살펴볼 일이다.

속돌

장원이

어느,
길가 발길질에도
아프다 않았습니다
그냥 사람 마음 건너는 다리 되고팠는데
모자란
꼭 하나로 전설이 된
바람코지 개깍의
눈물입니다

전설은 悲願을 담고 있다. 반드시 이루고자 하나 끝내 이루지 못한 데서 오는 한스러움이 전설을 빚어낸다. 전설은 그래서 슬프지만, 그러한 비원이 있기에 옛사람들은 불완전한 세계 속에서 마음의 넉넉함을 잘 간수할 수 있었다.
제주바닷가의 구멍 숭숭 뚫린 속돌의 눈물을 헤아리는 시인의 시선이 예사롭지 않다. 그 눈물은 '사람 마음 건너는 다리'가 되고자 하는 비원에서 생겨난 것이다. 그것은 시인의 절절한 바람이기도 할 것이다. 우리는 지금 전설을 잃고 훼손된 세계 속에서 마음마저 황폐해가고 있는 것은 아닌지. 우리 서로가 이 험한 세상 건너는 다리가 되어 속돌의 모자란 하나를 채울 수 있었으면.

戀書

정진규

타지 않는 글자가 있다 재가 되기 직전 까만 종이 위로 마지막까지 몸을 떨며 하얗게 떠오르는 글자들을 白拔字들을 나는 본 적이 있다

사랑은 제 스스로 타오른다. 사랑은 제 스스로 불씨를 생성하고 제 몸을 질료로 하여 타오른다. 그렇기에 사랑은 외부의 다른 불길에 의해 소멸되지 않는다. 사랑의 글자가 끝끝내 타지 않는 까닭이 거기에 있다. 모든 것이 재가 되어도 사랑의 글자는 하얗게 뼈로 남아 제 안에서 다시 불씨를 생성시킨다. 사랑은 겨울나무의 생리를 닮았다. 꽝꽝 언 얼음땅 위에서 희디흰 뼈로 버티며 자기를 증거하는 나목들을 보아라. 온 천지가 납작납작 엎드려 죽음일 때 홀로 죽음을 견디며 타오르는 저 아득함이 어찌 사랑이 아니겠는가.

첫마음

정호승

사랑했던 첫마음 빼앗길까봐
해가 떠도 눈 한번 뜰 수가 없네
사랑했던 첫마음 빼앗길까봐
해가 져도 집으로 돌아갈 수 없네

아, 처음 사랑했던 때가 그 언제였는가. 그때는 사랑이 목숨과도 같았건만, 이제는 어느 추억의 뒤안길에서 오드마니 떨고 있는가. 가슴이 빛으로 환하게 차오르면서 무시로 설레이는 그 '첫마음' 빼앗길까봐 해가 떠도 눈 한번 뜨지 못하고, 해가 져도 집으로 돌아가지 못하던 그때를 그대는 기억하시는가. 기억은 아마도 고통이기에 차마 저버린 것은 아니신가. 나는 손톱을 씹으며 아직도 그때를 그리워하지만, '첫마음' 은 구겨진 휴지처럼 팽개쳐 있어 씁쓸히 울음 울 뿐이네. 용서하시라, 그대여. '첫마음' 처럼 살 수 있다면 참으로 벅찬 일이겠으나, 마음은 허공에 뜨고 몸만 진창을 갈 뿐이네.

獨樂堂

조정권

獨樂堂 對月樓는
벼랑 꼭대기에 있지만
옛부터 그리로 오르는 길이 없다.
누굴까, 저 까마득한 벼랑 끝에 은거하며
내려오는 길을 부셔버린 이.

저 아득한 정신의 경지가 부럽다. 내려오는 길을 부셔버리다니! 세속과의 단절도 단절이려니와 보다는 홀로도 즐거울 수 있기 때문이 아니겠는가. 홀로 즐기지 못하므로 번민과 집착이 생기는 법. 홀로 즐길 수 있는 집(獨樂堂)에서 환한 달을 맞이하는(對月) 그윽함이란 새삼 일러 무엇하겠는가. 새해에는 마음의 독락당 한 채를 짓고 싶다.

앙상함

최승호

1.
겨울나무들이 冬安居한다.
열매들을 다 놓아버린
알몸에 서리 내린다.

2.
앙상한 사람들 중에서도
참하게 앙상한 사람은
암자가 불타버린
스님.

3.
재 한 점,
재 한 점으로 지평선에 서 있는 사람,
자코메티 씨에게 인사시키고 싶은데
자코메티 씨는 앙상한 조각들을 남기고
벌써 입적했다.

4.

앙상함도 존재의 한 방식이다.
군더더기가 없는
보석,
알몸,
앙상함의 극치에서 태어나는
보석
알몸
성자.

겨울나무의 앙상함은 정신의 한 극점이다. 아니다, 그것은 몸의 황홀이다. '앙상함의 극치' 를 잃어버린 자본주의는 썩은 냄새만을 풍길 뿐이다. 우리는 너무 살이 쪘다.

소주

최영철

나는 어느새 이슬처럼 차고 뜨거운 장르에 왔다
소주는 차고 뜨거운 것만 아니라
격정의 시간을 건너온 고요한 이력이 있다
지금 웅덩이 안으로 조금씩 흘러들어가
차고 뜨거운 것을 감싼다
어디 불 같은 바람만으로 되는 것이냐고
함부로 내지른 토악질로 여기까지 오려고
차가운 것을 버리고 뜨거운 것을 버렸다
물방울 하나 남아 속살 환히 비친다
소주는 차고 뜨거운 것만 아니라
불순의 시간을 견딘 폐허 같은 주름이 있다
오래 삭아 쉽게 불그레진 청춘이
남은 저를 다 마셔 달라고 기다린다

바슐라르식으로 말하면, 술은 '타오르는 물' 이다. 그러기에 소주가 '차고 뜨거운 장르' 가 될 수 있는 것이다. 다른 술도 마찬가지라고 넘겨짚지 마라. 적어도 서러운 대한민국에서 소주는 남달리 '차고 뜨거운 장르' 이다. 그것은 '격정의 시간을 건너온 고요한 이력' 과 '불순의 시간을 견딘 폐허 같은 주름' 이 있음으로 해서이다. 바로 그렇게 소주 같은 인생들이 모여 소주를 마시면서 '물방울 하나' 로 남아 자신의 속살을 환히 드러내는 것이다.

섬억새 겨울나기

홍성운

화산도의 겨울은 억새가 먼저 안다
비릿한 근성으로 아무데나 눈발치네
유배지 어진 달빛이
잎새마다 배어나는

대물림에 살아간다 그리움은 습성이다
먼 바다 바라보는 연북정 그 수평선
분분한 떼울음 앞에
순백으로 직립한다

또 한 차례 하늬바람 연착된 하늬바람
과분한 귤나무를 벌채하는 이 땅에
그래도 밑동 따스한
기다리는 뜻이 있다

뉘 한 번 흔들어 보라 내 또한 흔들리마
오일장 좌판 같은 한 푼어치 손짓이여

섬 하나 외고집으로
갈 데까진 내가 간다

'섬놈'의 고집을 '좁쌀'이라 하지 마라. 하늬바람 부는 황량한 겨울에 은백색의 꽃으로 피어나 '눈발치는' 그 강인한 아름다움을 그대들은 아는가. 질박하여 거칠어 보이지만 그 속에 '어진 달빛'의 마음도 은은히 품고 있는.